Bonheur écorché, tristesse apaisée

Lou-Anne Mutel

Édition : BoD – Books on Demand,
info@bod.fr
Impression : BoD – Books on Demand, In
de Tarpen 42, Norderstedt (Allemagne)
Impression à la demande
ISBN : 978-2-3225-0011-6
Dépôt légal : Septembre 2023

Illustré par
Miya Zimmermann

La poésie, le pansement de mon cœur.

J'ai voulu écrire quelque chose de beau, mais lorsque j'ai commencé à écrire ce recueille, je me suis rendu compte qu'il y avait quelque chose de plus important que la beauté d'une plume dans un texte: le message passé.

 Ce livre est essentiellement destinée à de jeunes adolescentes, adolescentes et jeunes femmes, mais il reste lisible par tous et toutes.

Mélange de mélancolie, joie et nostalgie…

J'espère pouvoir vous offrir un voyage unique de quelques minutes dans les pensée d'une jeune fille.

En écrivant, je veux aider les gens, tous comme l'écriture m'aide.

Je n'ai plus que deux mots à écrire : bonne lecture !

Playlist (disponible sur Spotify)

Glimpse of Us- Joji

K.- Cigarettes After Sex

Romantic Homicide- d4vd

Go solo- Tom Rosenthal

Daylight- David Kushner

everything i wanted- Billie Eilish

Figures- Jessie Reyez

Lovely- Billie Eilish, Khalid

La souffrance , le mal dans toute sa fulgurance

Mon silence demeure éloquent ;
Aucun être n'arrive à le décrypter.
Ma profonde mélancolie empoisonne mon
cheminement sur terre.
Pourquoi donc personne ne me vient en aide ?
Pourquoi donc me laisse-t-on me noyer dans les
profondes eaux de la dépression ?

Je me perds dans mon propre monde.
Enchaînée à l'obscurité ;
J'étouffe, je suffoque ;
Je me noie et me brûle à la fois.
L'inconsciente réalité me rattrape.

Son sourire d'enfance ;
Semblable à la clarté de l'été ;
Rayonnait dans les âmes des autres,
Celles de sa famille, de ses amies et de ses
connaissances.
Un jour, son sourire devint une triste et maussade
moue.
Son rire enfantin devint un rire douloureux.
Son visage délicat devint un masque.
Derrière ce masque ;
Se cachait une jeune fille brisée ;
Une jeune fille brisée par la vie.
Elle avait l'impression qu'à chaque seconde de son
existence ;
Son cœur allait éclater.
Elle se sentait vide, vide de tout, vide d'espoir, vide de
sentiments.
Dans sa tête, c'était le chaos,
Comme une tempête intérieure.
Ce n'étaient pas les feuilles d'arbres qui volaient ;
Mais les idées noires qui emplissaient sa tête tel un
énorme fardeau.

Dans mon cœur, dans mes entrailles,
Des fissures, des blessures ;
Tant de plaies qui ne sont pas encore pansées.

Dans mon cœur, dans mes entrailles,
Des cicatrices fragiles ;
Tant de plaies facilement ouvrables.

Sous la nuit étoilée, tes yeux fatigués se scellent. Une larme brûlante dévale sur ta joue.
À l'heure du sommeil, les cauchemars ne cessent pas.
Les souvenirs, les amertumes tourmentent ton esprit.
Aucun rêve ne viendra te prendre dans ces bras pour t'apporter ne serait-ce qu'un peu de réconfort.
Seulement de mauvais rêves.
Qui te hanteront jusqu'à l'aube, laquelle abîmera aussi ton cœur.

Le temps change, tout comme mon état d'âme.
L'herbe du matin gèle, à l'instar de mes souvenirs les plus affreux.
Le vent se refroidit, conformément à mon expression faciale lorsque mon cœur à mal.
Les feuilles jaunes virevoltent, en écho à mes pensées les plus sombres, celle qui remplissent ma tête d'idée noir.

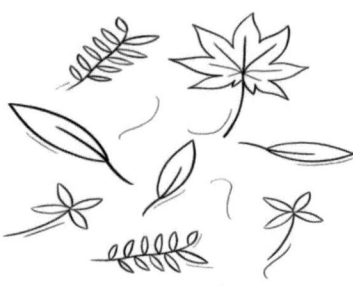

Les flots de larmes noient tes yeux dans l'eau douce et brûlante de la rivière ;
Rivière que tu côtoies si souvent.
Une rivière torrentielle qui te rends visite à chaque jour de ta terrible existence monotone ;
Une existence monotone à l'instar du temps gris de l'automne.
Un jour atteindras-tu la berge de cette rivière insolente ?
Ou alors cèderas-tu au ténébreux courant qui t'emportera de façon déchaînée en amont ? Amont synonyme de l'irrévocable enfer dans cette tumultueuse rivière.

Elle ne comprenait pas l'abandon.
Cela faisait trop mal à son petit cœur.
Du jour au lendemain ;
Une existence bouleversée ;
Un destin changé.
Une rose ne peut pas fleurir sans son soleil.
Par conséquent, elle ne pouvait plus fleurir car son soleil était parti bien trop loin.
Une tulipe ne s'ouvre pas sans son soleil.
Elle ne pouvait donc plus s'ouvrir aux autres car son soleil était parti bien trop loin.
Loin de son cœur.

Tu affirmes que tu as mis ce vêtement couvrant pour te protéger du froid naissant de l'automne ;
La vérité est tout autre.
Cette vérité est bien pire.
Tes bras nerveux sont en réalité écorchés à cause de tes souffrances, tes douleurs.
Ton cœur était prêt à exploser ;
Alors il t'a fallu une solution...

La fatigue ;
Je ne parle pas de la fatigue physique ;
Celle que l'on ressent après avoir fait un effort physique.
La fatigue émotionnelle ;
Celle que ton entourage ne comprend pas ;
Celle qu'ils font passer pour de la procrastination ou de la fainéantise.
Ils jugent sans même savoir…
Sans même savoir ce qu'il se cache derrière tout ça.

La fenêtre n'est pas fermée.
Le froid s'immisce dans la pièce morne et obscure.
La pièce morne où réside ma tristesse infinie.
La pièce obscure où résident les fragments de mon cœur dispersés.
Ils divaguent tous deux entre mon âme et mes sentiments comme un individu sans vie.
La mort intérieure est incarnée par cette sombre pièce.
Derrière cette porte se trouve la paix, une porte infranchissable.
Les démons enfermés dans cette pièce enferment toutes âmes divaguant dans ces eaux sombres ;
Une prison.
Une prison avec une seule clé ;
Vaincre ses démons intérieurs.

Pour survivre,
Je prends ma plume,
Et couche ces mots sur du papier,
Pour peut-être libérer mon cœur ;
Pour peut-être un jour vivre et ne plus survivre.
Ces mots que je couche sur du papier
Ne représentent pas assez de puissance pour exprimer
le chaos présent dans ma tête.
Je continue d'écrire tout de même,
Dans l'espoir d'un jour retrouver la paix.
La paix que j'avais lorsque j'étais enfant,
Et que ma vie était remplie de joie.

Je dis merci à l'univers,
Pour m'avoir fait souffrir.
Grâce à ces souffrances ;
J'ai grandi, j'ai évolué.
Je suis devenu l'alpha de mon propre destin.

Amitié, celle qui crée les matins ensoleillé.

Des disputes, des déceptions ;
Mais aussi de l'affection, des embrassades.
L'obscurité devient la clarté.
L'amour amical subsiste présent pour l'éternité.
De la joie jusqu'à la tristesse.
Des cieux jusqu'aux abysses.
Du paradis jusqu'en enfer.
De la vie jusqu'à la mort.
Pour toujours et à jamais.

Un jour, ils partiront.
Ils partiront suivre le cours de leur vie.
Le vent changera de sens.
Un jour dans notre vie.
Et l'autre dans nos pensées.
Un jour, tu devras prendre ton envol.
Et les quitter pour ne plus jamais les revoir.

Penses-tu sincèrement…

Penses-tu sincèrement que tu pourras te glisser entre deux âmes sœurs ?

Âme sœur amicale, certes ;

Mais âme sœur pour toujours.

Notre lien, comme tatoué à l'encre de Chine dans notre peau est indéchiffrable mais aussi indélébile.

Merci.
Juste merci.
Merci d'être là.
Ton illustre compagnie me fait oublier.
Oublier les raisons pour lesquelles je m'effondre ;
Le soir, couché sur mon lit étroit qui me semble être ;
Dans ces moments cruels et douloureux
Mon lit mortuaire.
Merci d'être là pour me faire sourire de mon plus radieux sourire.
Merci d'être là pour me faire rire à en perdre mes moyens.
Merci d'être présent dans ma vie.

Je veux compter pour toi.
Je veux rire avec toi.
Je veux pleurer avec toi.
Je veux être ton amie pour la vie, à tout jamais.
Quoi qu'il arrive, je serai à tes côtés.
Même quand l'horloge aura sonné l'heure de ta mort,
je resterai ton amie la plus fidèle.

Ces souvenirs m'évoquent la liberté.

La liberté de pouvoir enfin avoir de véritables amies.

Ils m'évoquent la fin de toutes ces années d'amitié douloureuse.

Une sorte de joie et d'apaisement.

Un changement, une évolution dans ma vie qui jusqu'à ce jour n'était guère qu'obscurité.

Le sentiment que ces filles seront toujours là.

Ce ne sont que de simples souvenirs d'un moment passé ensemble ;

Des souvenirs simples mais remplis de signification.

Des rires, des pleurs, mais surtout l'amour de quelques jeunes filles.

Un amour seulement amical mais si puissant.

Les mots que j'écris sur du papier ne seront jamais dits à voix haute par simple pudicité.

Mais j'ai le sentiment que chacune d'entre nous peut acquiescer devant tous ces mots.

Plus que des amis, une famille.
Notre famille.
Une famille dans laquelle on choisit ses membres;
Une famille dans laquelle les querelles n'existent
guerre.
Des frères, des sœurs.

L'étreinte de l'amitié remédie à la solitude la plus profonde.

L'éclat de l'amitié donne de la lumière à la pénombre la plus sombre.

L'amitié demeure une douceur dans notre quotidien monotone.

L'amour, les sentiments les plus glamours.

Lune et soleil ;
Deux astres contraires.
Toi et moi ;
Deux âmes contraires.

Lorsque le soleil fait renaissance ;
La lune, elle, fuit dans l'ombre.
Jamais ils n'auront l'aubaine de se trouver ensemble,
Sauf dans un moment unique, aussi magnifique que
violent :
L'éclipse.
Cette histoire est semblable à la nôtre,
Peu commune mais d'une beauté sans nom.

Dans ce monde complexe,
L'amour est lui aussi un sujet des plus complexes.
Les relations amoureuses sont complexes.
Pourquoi m'infliger autant de souffrance dans le but de
partager ma vie avec quelqu'un ?

Mon tendre petit cœur, demande une seule chose :
De l'amour,
De l'amour véritable ;
À tel point que l'on ne peut le nommer.
Dans cette obscure clarté,
Mon tendre petit cœur demande de la douceur,
La douceur que peut porter une mère envers son
enfant;
La douceur de l'été et de son soleil divin.
Mon tendre petit cœur demande de la lumière ;
La lumière que les sourires d'un nouveau-né peuvent
procurer ;
La lumière du soleil qui m'éblouit.

Faire l'amour n'est pas une performance.
Mais une preuve d'amour.

- Morgane Moncomble-

Ton étreinte réconfortante
Me rend accro.
J'ai besoin de ta folle sagesse dans mon quotidien;
Je suis incapable de vivre sans toi.
Tes caresses me réconfortent, conformément à la
douceur de la lune.
Ne me quitte jamais ;
Reste éternellement dans mes bras douillets.
Notre histoire ne doit pas finir à la façon d'un mirage.
Toi-même, tu as prononcé ces trois fameux mots
mélodieux.
Notre histoire d'amour sera-t-elle intemporelle ?

Dans mes pensées tourbillonnantes, ton esprit es là.
Un soir, je t'emmènerai au gala.
Toi dans mes bras, mes mains sur tes délicates
hanches,
Et ta beauté qui enclenche ;
Une ribambelle de battements de cœur en moi.

Ce soir d'été, je te regarderai,
D'un regard suppliant,
Suppliant de me toucher,
Avec ton regard habituellement profond et brillant.

Notre désir qui chaque seconde devient plus fort ;
Est-ce là notre sort ?
D'être des humains qui ont soif de beauté ;
Peut-être le résultat de notre cupidité.

Sa gentillesse éphémère t'a charmé,
Tu l'as aimé de tout ton être vertueux.
Dans une douce violence ;
Il a arraché ton cœur et l'a brisé en mille morceaux ;
Sans jamais te le rendre intact.
Ces mille morceaux se sont envolés sur terre et ciel ;
Afin que tu ne puisses jamais les rassembler ;
Dans l'espoir que votre histoire tragique soit ancrée au
fin fond de votre âme céleste.
Quand ce fameux soleil d'été se lèvera à l'est ;
Une seule pensée résidera en toi;
Lui, lui et encore lui.
Et quand il se couchera à l'ouest ;
Il pénétrera encore ton esprit.
La nuit, tu voudras lui dire mille fois ;
Je t'aime.
Je t'aime de tout mon être.
Je t'aime comme je n'ai jamais aimé personne.
Je t'aime, j'ai besoin de toi à mes côtés.
Je t'aime profondément.
Je t'aime, mon cœur t'appartient.
Je t'aime, reviens s'il te plaît.

Pétales et tiges ;
Font la fleur délicate.
Pluie et soleil ;
Font l'arc-en-ciel le plus majestueux.
Toi et Moi ;
Faisons la plus belle des histoires d'amour.

« De quoi que soit faites nos âmes, la sienne et la mienne sont pareilles »
 - Les Hauts De Hurlevent -

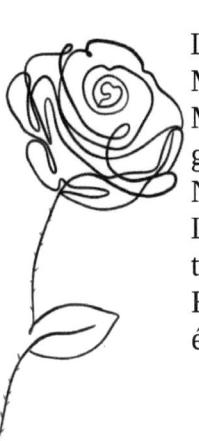

Les roses sont le symbole de l'amour ;
M'a-t-on toujours dit.
Mais la rose est munie d'épines, d'un
grand nombre d'épines.
Ne t'étonne pas de souffrir en amour.
Les épines des roses te piqueront le doigt
telles des épées tranchantes ;
Elles te planteront le cœur telles des
épées tranchantes.

Tes mots doux caressent ma peau sensuellement.
Tes lèvres prononcent les mots qui ont conquis et guéri
mon cœur.
Nos âmes toutes deux tourmentées ont su se trouver
afin de se guérir mutuellement.
À la rencontre de notre âme sœur ;
Nos âmes désespérées, fatiguées, malades ;
Devinrent des âmes comblées, épanouies, et apaisées...

Tes yeux reflétant le crépuscule rosé de l'été ont
hypnotisé ses yeux obscurs reflétant l'enfer.
Tu as fait don de ton cœur béat à la personne au cœur
noir.
Son sourire jamais vu est apparu sur sa bouche
habituellement maussade.
Les rêves ont pris place face à ses cauchemars.
L'extraordinaire magie que procure l'amour.

L'amour est la seule chose qui voyage dans l'éternité.

Orage déchaîné,
Amour déchaîné.
Pluie torrentielle,
Sentiments torrentiels.
Foudre majestueuse,
Coups de foudre majestueux.
Un amour aussi doux qu'orageux naissant comme un
éclair dans nos âmes.

Nos désirs les plus charnels sont aussi les plus destructeurs.
Ton regard jaloux posé sur moi nous rend faibles.
Tes paroles amères me rendent malade.
Les taches bleues présentes sur ma peau témoignent de ma douleur intérieure.
Pourquoi me traites-tu ainsi ?
Qu'ai-je fait pour mériter cela ?

Je vivais ma vie de façon sereine et innocente.
Tu as débarqué dans ma vie en y mettant le chaos.

Deux femmes,
Deux hommes,
Un homme et une femme ;
Peu importe tant que l'amour triomphe.

Nostalgie, tristesse des moments de vie.

La seconde d'avant ;
J'étais une petite fille candide.
La seconde d'après ;
Je me retrouverai à voler de mes propres ailes.

Une innocence évanescente.
Est-ce là la définition même de la croissance ?
Le reflet de la maturité ?
Des souvenirs d'enfance pris par la douce amertume de la vie, de manière fugace.

Rappelle-toi de ton sourire le jour de ton anniversaire lorsque tu ouvrais tes cadeaux.

Rappelle-toi de ton petit air de commando quand tu jouais dans cette petite cour d'école avec tes petits camarades.

Rappelle-toi de ta petite moue concentrée quand tu lisais Max et Lili, que tu avais emprunté dans la bibliothèque de ta petite école de campagne.

Rappelle-toi de ces souvenirs qui ont forgé ton enfance.

Les champs de pâquerettes sont semblables à nos âmes
d'enfance ;
Ils s'entremêlent tous avec allure et joie ;
Leurs pétales blanches proclament leur innocence
fébrile ;
Leur délicat cœur jaune illumine leurs visages à la
manière de la lueur du soleil matinal.

L'enfance ;
Un passage aussi joyeux qu'innocent.
Les sourires constamment présents sur ton visage
d'enfant.
Confronté à ta blanche innocence qui rend la vie belle ;
Ainsi qu'à tes petites additions à l'école.
La joie, la liberté, l'innocence, le rire sont les mots qui
riment avec enfance.
Un passage lumineux.

L'adolescence ;
Un passage aussi obligatoire que dévastateur.
Confronté au regard des autres ;
Ainsi qu'à une renaissance de ton physique.
Tout change, ta vie, tes amis, ton corps, tes pensées.
Tout devient plus sombre.
Les gens ne comprennent pas, toi-même tu ne
comprends pas.

Confiance en soi, l'une des plus chose à avoir en soi

Je n'ai pas le corps dont mes chimères me font part, et
alors ?
Cela m'empêchera-t-il de réaliser mes rêves ?
Avec mes quelques bourrelets et ma poitrine chétive, je
pourrai être heureuse ;
Avoir la vie de mes rêves ;
Rire à en perdre le souffle ;
Faire la fête.

Femme subtile,
Mais femme forte.
Brillante d'un avenir certain.
Un corps qu'elle brandit fièrement.
Une confiance en elle inébranlable.
Est-ce donc cela, la beauté ?

Mon corps demeure à jamais des plus éblouissants,
Peu importe ce que les bouches amères chantent.
Mes bourrelets font grâce conformément à la déesse
Aphrodite,
Mes vergetures parcourent mon corps telles des
ornements de fleurs d'une élégance des plus rares.
Ma poitrine généreuse émane ma sensualité.
Tous mes attraits font de moi la femme la plus
magnétique.
Elles le sont toutes.
Peu importent nos divergences ;
La singularité est belle, le plus beau de nos attraits.

Souris, ma belle.
Tu as le droit de rayonner.

Vas de l'avant,
Ne ressasse pas mille fois ce que tu as dit ou fait.
Je connais cette sensation,
Où tu repenses sans cesse à cette chose que tu as faite
dont tu penses être bête.
Puis tu mords ta joue,
Tu t'arraches la peau,
Tu te sens comme la plus grande des idiotes,
À tel point que tu ressens une brûlure intérieure.
Tu pourrais simplement rester debout fière.
Mais toi, tu as si peu confiance en toi que ça te tue de
l'intérieur.
Courage, un jour tu seras devant nous et tu connaîtras
ton estime et ta valeur.

Le miroir est
une étape
épineuse.
La plupart du
temps ;
Ce cadre
réfléchissant est
la cause de nos
larmes
brûlantes.
Le miroir est
pire que les
critiques
intransigeantes
que l'on peut
recevoir.
Quand on
essaie de
s'accepter ;
Il devient alors le pire fléau ;
Celui qui nous empêche de remarquer à quel point
nous brillons.

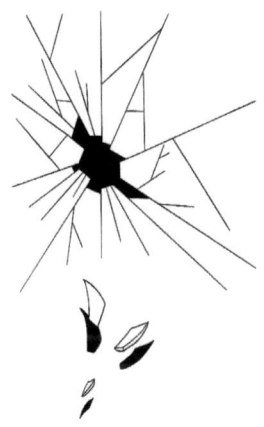

On t'as rabaissé ;
On t'as fait croire que tu ne valais rien ;
On t'as peut-être dit que tu serais mieux morte.
Je suis désolé que tu aies vécu ça.
Tu es incroyable.
Le monde a besoin de chaque humain sur cette terre.
Ainsi tu en fais partie.

Toi qui essaies de briller ;
Toi qui te demandes sans cesse ce que les autres vont
penser ;
Toi qui, quand tu te regardes dans le miroir ;
Ne vois pas la beauté de ton corps et celle de ton âme.
Cette âme qui, malgré tout ;
Réchauffe le cœur des gens comme le soleil de l'été.
Ta joie incessante qui illumine nos vies, tout comme un
rayonnement.
Ton sourire angélique qui nous donne, nous aussi,
envie de faire naître nos sourires les plus radieux.
Tes longs cheveux soyeux qui tombent sur tes épaules
tels une cascade.
Tes petits yeux curieux qui cherchent de la plus belle
des façons à explorer le monde.
Ton corps gracieux ;
Gracieux comme celui de toutes les déesses de
l'Olympe associées.
Nous, femmes, sommes la grâce incarnée.

Sur cette plage de sable délicat et d'eau câline ;
Tu n'oses pas te mettre en maillot de bain,
Tu n'oses pas montrer ton si beau corps.
Peut-être vas-tu louper quelques repas en quête de ce
que tu appelles le corps parfait.
Si seulement tu savais ;
Tous les corps sont parfaits, raffinés, splendides...
Y compris le tien.
Alors s'il te plaît, ne cache pas la vue d'un si beau
corps.

Avance loin.
Avance loin de ces yeux sévères.
Personne n'a le droit ;
Le droit de te déstabiliser avec un regard moqueur qui
fait frémir les jeunes filles.
Les seuls yeux aptes à te juger sont les tiens.
Même si malheureusement tes yeux, aveugles, sont
bien trop sévères.

Je me déteste de tout mon être.
Comment puis-je oser me montrer sous la lumière du soleil ?
Devrais-je plutôt me terrer au fin fond de l'obscurité ?
Tant de mots me viennent pour exprimer à quel point je me répugne.

« Tu es merveilleuse »

Féminisme : mouvement social ayant pour but de prôner l'égalité homme-femme ;
Sexisme : discrimination fondée sur le sexe et/ou le genre.

La seule chose que tu vois,
C'est mon physique,
Quand tu me déshabilles du regard,
La seule chose que je ressens,
C'est du dégoût.
Et quand tu me touches avec tes sales mains
inconnues,
L'envie de vomir me prend.
Pouvons-nous, femmes,
Vivre en plénitude,
Sortir dans la rue sans être jugées, touchées ou
harcelées?

Nous sommes simplement humaines.
La société nous dit d'être parfaites ;
Moi, je vous conseille d'être imparfaites.
La société nous dit de rentrer dans des cases ;
Moi, je vous conseille de ne pas rentrer dans des cases.
Après tout, la singularité est synonyme de beauté.
Quand la société comprendra,
Une bataille sera gagnée.

Non, c'est non.
Ne cherchez pas plus loin.

Il n'avait pas le droit.
Ton corps t'appartient.
Ce n'est pas de ta faute.

La femme est un être indépendant ;
La femme ne doit pas forcément rentrer dans des cases.
La femme n'est pas à la merci d'un homme.
La femme peut se maquiller, s'habiller comme elle le
souhaite.

Depuis la nuit des temps ;
Nous sommes traitées comme des êtres inférieurs à
l'homme ;
Certains ou même certaines diront que cela est faux.
À notre plus jeune âge, on nous apprend déjà une
phrase qui dictera toute notre vie ; « Le masculin
l'emporte sur le féminin » ;
Une simple règle d'orthographe mais pourtant qui
découle encore une fois du sexisme.
Pensez-vous qu'un homme s'est déjà demandé si son
habillement était convenable, si ce n'est pas trop
vulgaire, si quelqu'un ne risquerait pas de le toucher
sans son consentement ?
L'inégalité salariale est aussi entrée dans les mœurs, on
dirait.
Au gouvernement français, des ministres accusés de
viol mais encore là rien ne pose de problème
visiblement.

Olympe de Gouge, Rose Scott, Simone De Beauvoir,
Simone Veil, Gisèle Halami, Emma Watson.
Et encore bien d'autres dans l'ombre. Savez-vous qui
sont ces femmes ?
Trop d'idiots altèrent leur travail.
Par une seule idée des plus absurdes.

Ta silhouette féminine se fait reluquer.
Cependant, ta parole persiste à se faire entendre.
Seuls tes attraits physiques rentrent dans leur
considération.
Tes paroles les laissent si indifférents.
Tu essaies de crier tes droits, mais ils ne comprennent
pas que nous sommes leurs égales.
Notre sexe ne définit pas qui nous sommes ;
Ce que nous devons accomplir ;
À qui ou à quoi devons-nous nous soumettre.
Nous nous définissons nous-mêmes par nos actes,
notre parole, nos pensées, nos croyances...

Le deuil, l'insurmontable épreuve

Elle m'a chéri ;
Jusqu'au dernier de ses souffles.
Elle m'a aimé et je l'ai aimée ;
Jusqu'au dernier de ses souffles.
Maintenant ;
Son âme vague dans l'univers ;
Dans la voie lactée entourée de millions d'étoiles
comme elle.
Des personnes dont la vie a été des plus injustes.
Dans ce silence assourdissant qu'est l'univers ;
Elle vagabonde.
Nous, restés sur terre ;
Nous la pleurons.
Nous pleurons son courage inébranlable ;
Sa force remarquable ;
Son doux visage ;
Sa gentillesse sans nom ;
Sa merveilleuse présence dans notre existence.

Ce jour d'automne où tout a basculé ;
Ce fameux 28 septembre ;
Début d'automne mais fin de joie.
Ce matin où elle m'a quitté ;
Elle est partie dans l'au-delà.

Ce poème t'est dédié ;
À toi qui es la femme de ma vie ;
Celle qui a tout fait pour moi.
Cette battante, femme forte et aimante.

Je veux juste entendre le son de sa voix.
Me remémorer les douces mélodies produites par sa voix harmonieuse.

Je veux revoir ses petits yeux me regarder avec fierté.
Me remémorer la douce nuance de noisette présente dans ses yeux étincelants.

Je veux toucher sa peau qui me caressait lorsque j'étais bouleversé.
Me remémorer la couleur hâlée de sa peau précieuse.

Je veux revoir son visage tolérant accepter le mal que j'ai commis.
Me remémorer son lumineux visage glabre.

Des images qui me semblaient si banales sont aujourd'hui ancrées dans ma mémoire.
Des détails si subtils me marquent au fer rouge. Des secrets dévastateurs enfouis sous terre remontent à la surface.

Après ce jour,
Une nouvelle peur irrationnelle s'installe ;
La peur de perdre une personne encore une fois.
Après cela, chaque soir ;
Tu te mets à genoux. Ainsi, tu pries n'importe quelle
divinité qui pourrait exister ;
En lui demandant de ne plus jamais éteindre une
personne que tu aimes.
Cette peur te hante.
Tu te demandes ce que tu feras dans ce cas-là,
À quel point tu seras triste.
À quel point tu en voudras à l'univers.

Un jour, on m'a dit que le deuil se faisait en 5 étapes :
Le déni ;
Le moment où dans ta tête cette personne est bien trop présente à tel point que tu ne peux y croire.
La colère ;
Le moment où tu en veux à tous les acteurs de ce drame ;
Tu hais l'univers de t'avoir arraché cette personne de ton existence.
Le marchandage ;
Tu pries toutes les divinités possibles pour que cette personne revienne.
La dépression ;
Cette personne te manque.
Ton cœur se brise quand tu penses à cette personne ;
Tes larmes brûlent sur ton doux visage.
L'acceptation ;
Tu as compris,
Tu vas de l'avant ;
Sans jamais l'oublier.

Toute ma vie,
J'ai toujours entendu dire que les personnes qui nous ont quittés sont au ciel.
Cela veut-il peut-être dire que :
Ton âme bienveillante se trouve donc à des années-lumière ;
Peut-être vagues-tu dans un amas d'étoiles envoûtant ;
Peut-être voyages-tu dans la voie lactée ;
Peut-être poses-tu tes bagages sur un astre étincelant ou sur une comète fascinante ;
Peut-être dans une sourde clameur tu te déplaces en orbite autour de la planète bleue dans l'espoir de te rapprocher de nous.
L'univers, ta nouvelle maison ;
Ta maison d'après-vie.

Une âme d'enfant ;
S'est envolée ;
Une âme innocente.
Le destin injuste ;
Le tourment d'une vie.
Tu rigolais puis ton rire enjoué s'est tu.
Un coup de vent, un corps inanimé.

La fin ;
Non
La fin d'un cheminement sur terre ;
Oui, mais pas la fin de l'esprit.
Des souvenirs envolés à tous jamais.
Un visage disparu pour toujours.
Des pensée qui se taisent.
La fin d'un dur chemin.

Et si j'avais encore autre chose à dire…

La vie est comme un avion de papier ;
Si tu ne te lances pas ;
Tu ne voleras jamais.

- Léonie Lonval-

Femme délicate qui t'a porté pendant 9 mois,
Qui t'a consolé un nombre incalculable de fois,
Qui t'a soutenu tant de fois,
Qui a pleuré inlassablement à ta place,
Qui croira toujours en toi,
Cette femme n'est autre que ta mère,
Alors dis-lui « merci » avant qu'il ne soit trop tard,
Alors dis-lui « je t'aime » avant qu'il ne soit trop tard.

Un jour, quelqu'un m'a dit :
"La routine te semble trop banale, mais lorsque tu sors de cette routine, c'est qu'il y a quelque chose qui ne va pas. Alors tu voudras qu'une seule chose : retrouver la routine."

Tu essaies pour voir ;
Et de façon éphémère ça te fait du bien.
Alors tu continues et tu deviens accro.

L'addiction

Les personnes qui t'entourent veulent que ta vie suive un schéma bien précis.
Fais simplement ce qui te fait vibrer.

Les larmes de joie ;
Incomprises ;
Heureuses.
Les larmes demeurent synonymes de la tristesse.
Tristesse et joie,
Deux états d'âme si contradictoires.
Cependant, au moment où ces larmes sont versées,
Notre état d'âme est dans la plus grande béatitude.
Un certain confort peut même être éprouvé.
Ces larmes jaillissent tel un nectar divin du bonheur
absolu.

Le destin n'est pas un long fleuve tranquille ;
Mais bien un flot d'inexorables épreuves d'une
difficulté sans nom.
Mais cela ne doit pas te faire reculer.
Bats-toi !
Bats-toi pour tes convictions ;
Bats-toi pour ton bonheur ;
Bats-toi pour l'amour ;
Bats-toi pour la paix ;
Bats-toi pour tout ce en quoi tu crois.

L'imparfait est parfait.
Et le parfait est imparfait.

Je ne reculerai en rien devant mes rêves.
Je persisterai jusqu'à ce qu'ils se réalisent.
Peu importe les sacrifices et les échecs.
Je me battrai.

Vis !

Vis pour toi.

Et profite de chaque moment que la vie peut t'offrir ;

La vie est courte, chaque seconde compte.

Ne t'attarde pas sur les petits détails.

Fais ce dont tu as envie !

N'attends pas l'approbation des gens ;

Vis simplement selon tes envies.

Remerciements

Il est vrai que ce livre vient de moi, les textes viennent de mon cœur, les idées de mes pensées ; mais je suis loin d'être la seule personne qui est à l'origine de ce recueil.

Je voudrais commencer par remercier Miya, ma meilleure amie, colocataire d'internat, mais aussi la personne qui a illustré ce livre. Merci d'avoir accepté ce projet sans même savoir ce qu'il était.

Je dois aussi remercier les personnes qui m'ont appris quelque chose de fondamental : l'écriture. Car oui, chaque écrivain(e) a bien commencé à apprendre à écrire quelque part. Alors je me dois donc de remercier mes institutrices de primaire, ainsi que mes professeurs de Français du collège et du lycée.

Mes amies, ma famille les premiers à m'encourager. Merci de croire en moi quand moi je ne crois plus en moi.

Maman, je suis peinée que tu ne puisses pas voir le fruit de mon travail. Je dois tout de même remercier la femme qui m'a mise au monde, la femme qui a toujours cru en moi. Chaque jour, je sens ta présence qui me réconforte.

La confiance en soi, un axe important dans ce livre alors je me remercie moi-même, d'avoir pris cette décision de me lancer dans l'écriture de ce livre. Un périple mais aussi un médicament.

Et pour finir, je dois infiniment remercier les personnes qui ont pris la peine d'ouvrir ce livre et d'arriver ici.

Merci à vous tous qui faites de ma première expérience dans l'écriture, une expérience formidable et un rêve éveillé.